Kunst aktiv!

Erlebe die Malerei

Sam Baer & Rosie Hore

Gestaltung:
Mary Cartwright & Alice Reese

Illustrationen:
Fred Blunt, Adam Larkum, Marianna Oklejak,
Carles Ballesteros, Ilaria Falorsi, Andy Peters
& 28 berühmte Künstler

Redaktion:
Rosie Dickins

In Zusammenarbeit mit
The National Gallery, London

INHALT

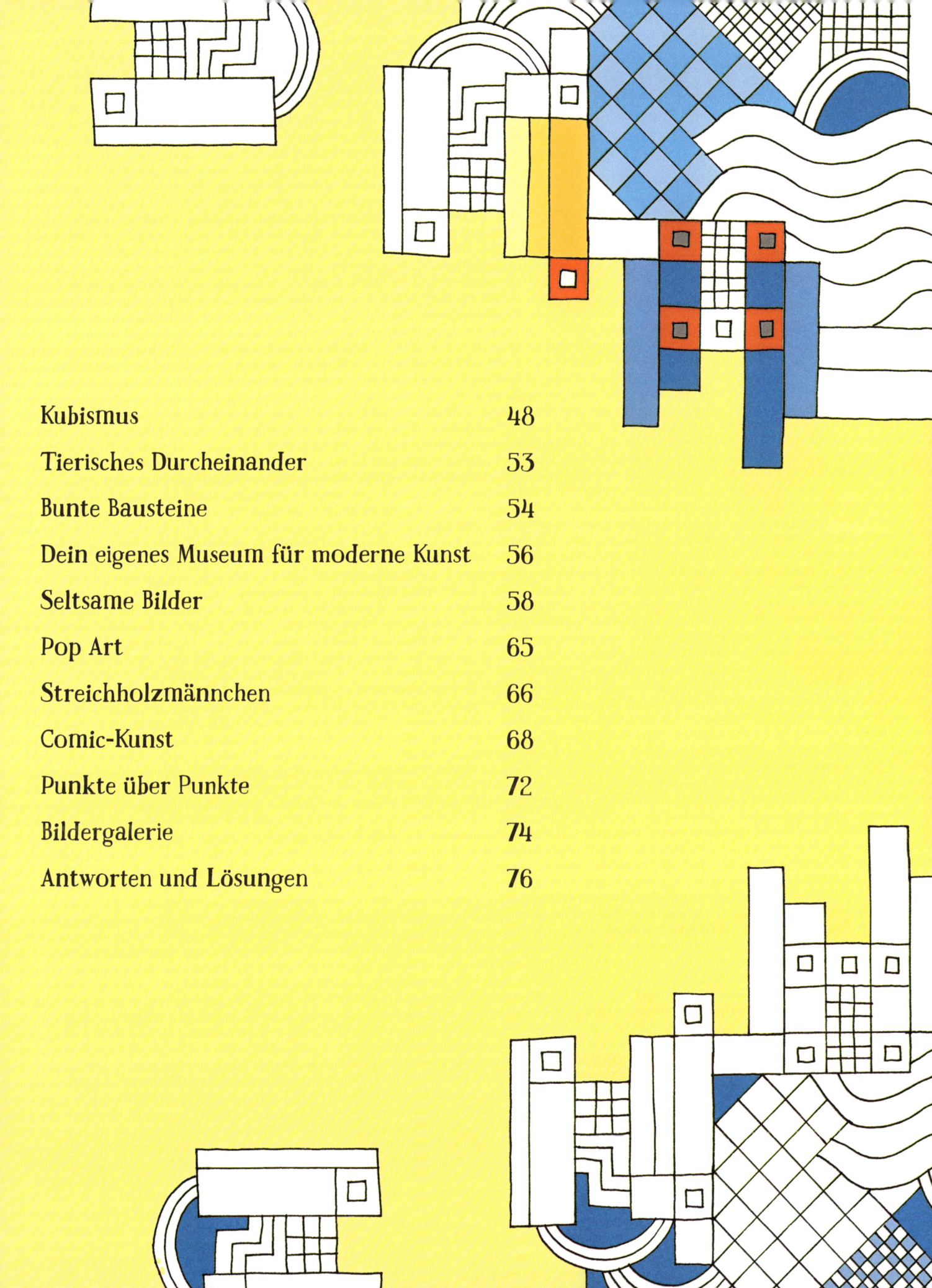

IN DER WERKSTATT EINES MEISTERS

Wer vor 500 Jahren Künstler werden wollte, ging als Lehrling oder Schüler in der Werkstatt eines Meisters in die Lehre. Schon als Kind verließen einige ihr Zuhause, um in einer Werkstatt ausgebildet zu werden. Manche waren noch nicht einmal 10 Jahre alt.

Aller Anfang ist schwer

Neue Schüler mussten am Anfang ihrer Ausbildung Hilfsarbeiten ausführen, wie z. B. Pinsel säubern und Farben mischen. Es war daher sehr wichtig, die Namen der Farbpigmente zu kennen, aus denen man die verschiedenen Farben herstellte.

Wie viele Farbpigmente kannst du in dem Buchstabengitter finden?

S	I	C	M	T	Z	D
N	N	O	U	V	I	J
A	D	C	N	D	N	L
P	I	K	P	P	N	Ö
S	G	E	L	H	O	K
N	O	R	A	M	B	T
Ü	W	G	B	L	E	I
R	I	E	P	X	R	F
G	T	L	A	B	O	K

Zinnober (rot)

Kohle (schwarz)

Blei (weiß)

Kobalt (blau)

Grünspan (grün)

Indigo (lila)

Ocker (orange)

Durchpausen

Schüler mussten oft Zeichnungen vervielfältigen. Sie benutzten dazu die Methode des Durchpausens.

Zuerst stachen sie winzige Löcher in die Konturen des Originals. Dann legten sie darunter ein neues Blatt und bestreuten das Original mit Kohle. Dadurch entstanden auf dem unteren Blatt Markierungen, die verbunden wurden.

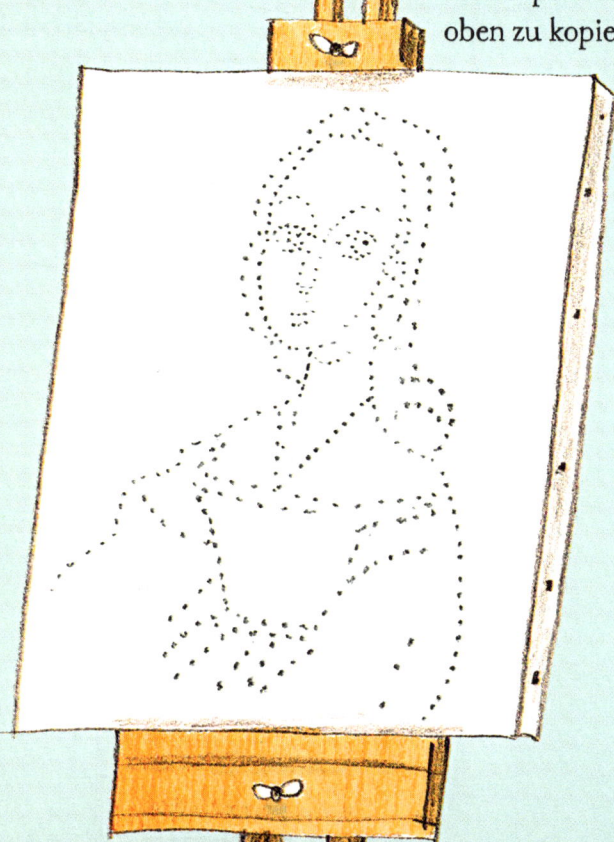

Verbinde die Punkte, um das Frauenporträt oben zu kopieren.

Lückenfüller

Manche Meister malten nur die zentralen Figuren in einem Bild. Den Rest überließen sie ihren Schülern. Diese Figur im Mittelpunkt braucht noch einen Hintergrund. Male das Bild fertig.

Schon gewusst?

Manchmal arbeiteten die Meister gar nicht an einem Gemälde. Manche Schüler waren so talentiert, dass niemand einen Unterschied bemerkte.

Modell stehen

Schüler übten, indem sie sich gegenseitig zeichneten. Welcher dieser Schüler hat die Pose des Modells am genauesten wiedergegeben?

Leo

Marco

Giovanni

5

Porträtmalerei

Ein Porträt ist ein Gemälde oder eine Skulptur, mit dem ein Künstler das Aussehen einer Person oder deren Charakter darstellen möchte.

A Die Frau auf diesem Bild ist auch die Künstlerin, die es malte. Man nennt ein solches Gemälde Selbstporträt.

B Dieses Porträt zeigt einen Mann, der einen goldenen Kranz trägt. Es stammt von einem Sarkophag einer altägyptischen Mumie und zeigt, wie der verstorbene Mann aussah.

E Diese Dame lebte vor über 100 Jahren. Ihr Porträt wurde im impressionistischen Stil gemalt, der damals in Mode war.

Fehlende Titel

Kannst du den Porträts die passenden Titel zuordnen?

◯ **Johann der Beständige (1509)**
von Lucas Cranach dem Älteren

◯ **Selbstporträt (nach 1782)**
von Élisabeth Vigée-Lebrun

◯ **Ein Mann mit Kranz**
(Künstler unbekannt)

◯ **Johann Friedrich der Großmütige (1509)**
von Lucas Cranach dem Älteren

◯ **Porträt der Elena Carafa (um 1875)**
von Edgar Degas

C Dieser Junge trägt den gleichen Vornamen wie sein Vater, dessen Porträt du auch auf dieser Seite siehst.

D Dieses Gemälde zeigt einen ehemaligen Kurfürsten, der als loyal oder „beständig" bekannt war.

Eleganz pur

Das Selbstporträt auf der linken Seite zeigt die Künstlerin mit modischen Accessoires und Gegenständen in der Hand. Kannst du die Buchstaben in die richtige Reihenfolge bringen, um die Wörter zu lesen?

ALPTTEE

ISELPN

HORHTUST

DREFE

ELUBMN

NGORIHRE

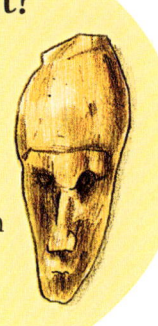

Künstlerische Freiheit

Dieser Junge hat sein Porträt von einem Künstler nachzeichnen lassen, der jedoch ein paar Details geändert hat.

Kannst du die fünf Unterschiede finden?

Halbfertige Gesichter

Bei den meisten Porträts konzentriert sich der Maler auf die einzigartigen Merkmale seines Modells. Kannst du aus diesen Gesichtern einzigartige Porträts erschaffen, indem du jedem seine spezielle Frisur und seinen Gesichtsausdruck verleihst sowie Accessoires hinzufügst?

7

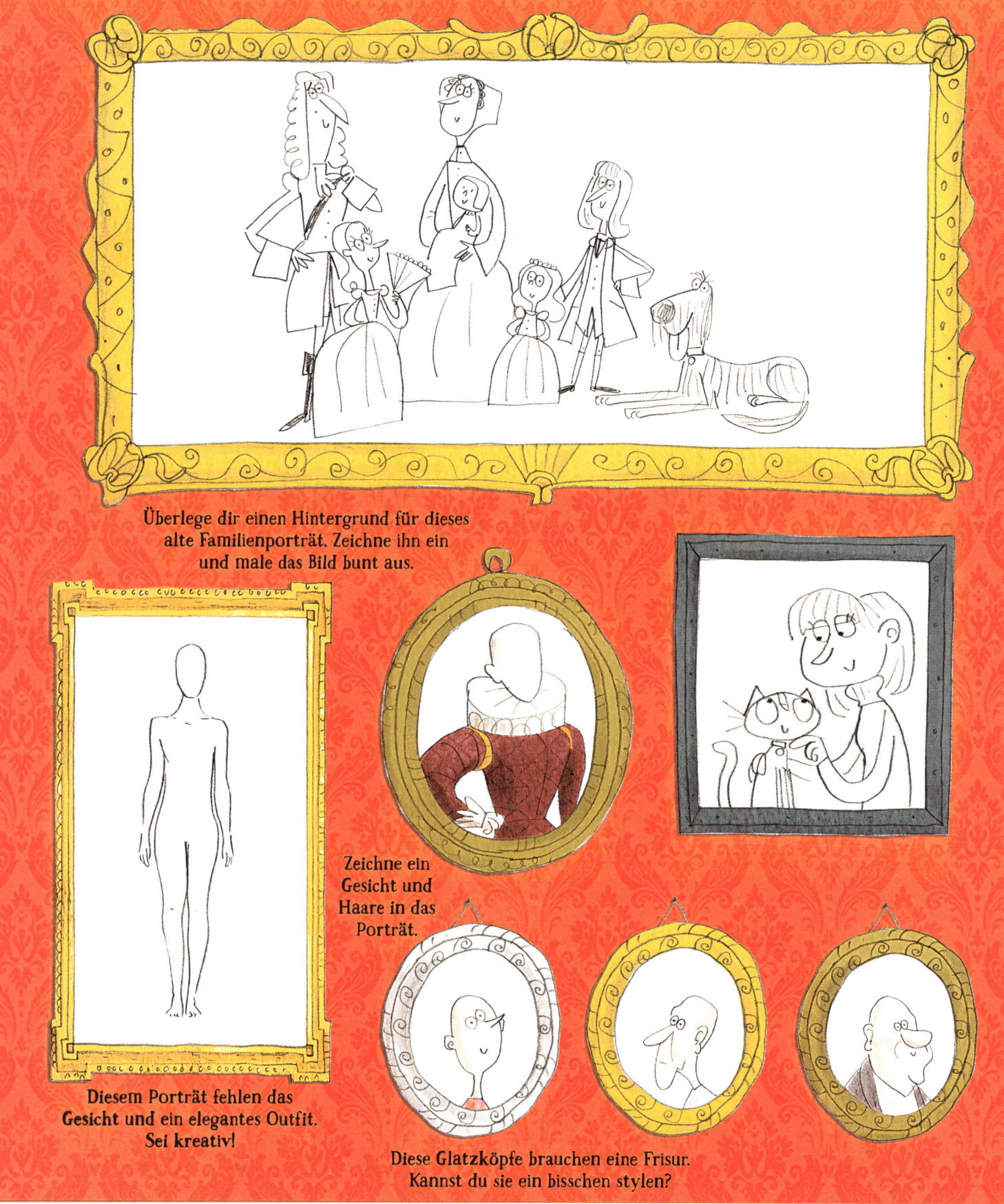

Überlege dir einen Hintergrund für dieses alte Familienporträt. Zeichne ihn ein und male das Bild bunt aus.

Diesem Porträt fehlen das **Gesicht** und ein elegantes Outfit. Sei kreativ!

Zeichne ein **Gesicht** und **Haare** in das Porträt.

Diese **Glatzköpfe** brauchen eine Frisur. Kannst du sie ein bisschen stylen?

Deine Porträtgalerie

Kannst du ein Selbstporträt in diesen Rahmen malen? Oder male das Porträt einer Freundin oder eines Freundes. Lass deiner Fantasie freien Lauf.

Welchen Gesichtsausdruck soll diese königliche Hoheit haben?

In diesen Rahmen wäre ein Superheld toll. Oder vielleicht doch ein Monster?

Statt ein Gesicht zu zeichnen, könntest du ein Foto aus einer alten Zeitschrift ausschneiden und hier einkleben. Ergänze Details.

STILLLEBEN

Ein Gemälde, auf dem Früchte, Blumen und andere reglose Gegenstände dargestellt sind, nennt man „Stillleben". Auf diesem farbigen Gemälde sind Blumen aus verschiedenen Jahreszeiten zu sehen, die alle gleichzeitig blühen.

Blumen in einer Vase (1792)
von Paulus Theodorus van Brussel

Kannst du im Bild zwei flatternde Schmetterlinge entdecken?

Eins passt nicht

Welches dieser Details kommt nicht im Bild vor?

Schon gewusst?

Vor ungefähr 500 Jahren wurden in Europa Tulpen eingeführt. Sie waren noch selten, aber die Leute waren ganz verrückt danach. Dies ging als „Tulpenmanie" in die Geschichte ein. Tulpenzwiebeln waren unglaublich wertvoll und zeitweise teurer als ein ganzes Haus.

Teuer

Nicht so teuer

Was bedeutet das?

Stillleben enthalten oft eine verschlüsselte Nachricht, da die dargestellten Gegenstände voller Symbolik stecken.

Kannst du die Gegenstände rechts den nummerierten Bedeutungen zuordnen?

Schmetterlinge und Bienen

Totenkopf

Uhr

Schwert

Lilien

Kerze

Rosen

Bücher

1
Sie stehen für Liebe und Romantik.

2
Er ist ein Zeichen für den Tod.

3
Sie sind das Symbol der Zuversicht und Zerbrechlichkeit.

4
Sie repräsentieren Weisheit und Wissenschaften.

5
Sie sind ein Sinnbild für die Reinheit.

6
Es symbolisiert Macht und Schutz.

7
Wenn man sie anzündet, verströmen sie Hoffnung.

8
Sie stellt die Vergänglichkeit dar.

Stillleben ausmalen

Male noch mehr Blumen und Schmetterlinge ins Bild. Zeichne ein paar Eier ins Nest. Dann male alles bunt aus.

11

FARBEN

Einige Künstler setzen ganz gezielt bestimmte Farben in ihren Bildern ein, um in uns Stimmungen und Gefühle wachzurufen.

Vincent van Gogh malte die Sonnenblumen für seinen Freund, den Maler Paul Gauguin, in vielen Gelbtönen. Für van Gogh war Gelb die Farbe des Glücks und der Freude.

Sonnenblumen (1888)
von Vincent van Gogh

Beim Kämmen (1896)
von Edgar Degas

Edgar Degas benutzte viele Rottöne für diese Szene. Man hat den Eindruck, als sei es in dem Zimmer unangenehm heiß.

Schon gewusst?

Lange Zeit haben Künstler das Farbpigment Mumienbraun verwendet. Es wurde aus zermahlenen ägyptischen Mumien hergestellt.

Stimmungsmacher

Wähle für jedes Bild jeweils eine andere Farbe. Male sie dann in den unterschiedlichsten Tönen dieser Farben aus, um zwei verschiedene Stimmungen zu schaffen.

Rot steht für Wärme, Wut oder Leidenschaft.

Gelb steht für Freude oder Glück.

Orange ist warm und energiegeladen.

Pink kann Liebe oder Zuneigung repräsentieren.

Blau kann kalt, ruhig oder traurig wirken.

Grün symbolisiert Neid oder Eifersucht.

Farbenlabyrinth

Der alte Meister wartet ungeduldig auf seine Farben. Kannst du seinem Schüler helfen, die Farben aus dem Regal einzusammeln und zu ihm zu bringen?

Gehe den Flaschen mit der Farbe Smaragdgrün aus dem Weg. Sie ist giftig!

 Kobaltviolett    Preußischblau    Zinnoberrot   Chromgelb

Orange (1923)
von Wassily Kandinsky

Der russische Künstler Wassily Kandinsky glaubte, dass Formen und Farben Gefühle ausdrücken. In diesem Gemälde verbindet er verschiedene Formen und Farben, um ein Gefühl der Begeisterung, Energie und Bewegung zu schaffen.

Für Kandinsky repräsentierten ...

 ... die Farbe Blau und Kreise Ruhe und Stille.

... die Farbe Gelb und Dreiecke noch mehr Energie.

... die Farbe Rot  und Quadrate Energie.

 ... schräge Linien Bewegung und gerade Linien Stille.

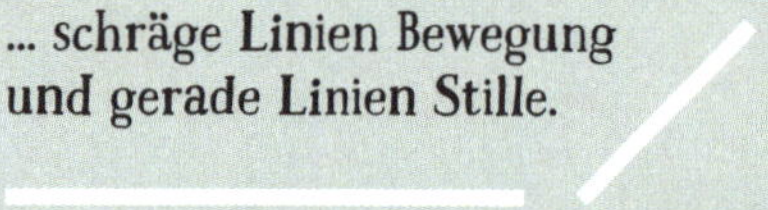

Am Ende des Buches findest du verschiedene Formen als Aufkleber. Mit ihnen kannst du dein eigenes, von Kandinsky inspiriertes Bild gestalten.

Schon gewusst?

Einige Wissenschaftler nehmen an, dass Kandinsky Synästhetiker war. Sinneseindrücke verschmolzen, d. h. er konnte Töne sehen und Farben hören.

14

Warme und kalte Farben

Rot, Gelb und Orange sind die Farben des Feuers, Sonnenscheins und warmer Dinge. Die Farben Blau, Grün und Weiß werden für Wasser, Eis und kalte Dinge benutzt. Wenn man warme und kalte Farben nebeneinander verwendet, entsteht ein starker Kontrast. Male jedes Kästchen mit einer warmen und einer kalten Farbe aus, um solch einen Kontrast zu erzeugen.

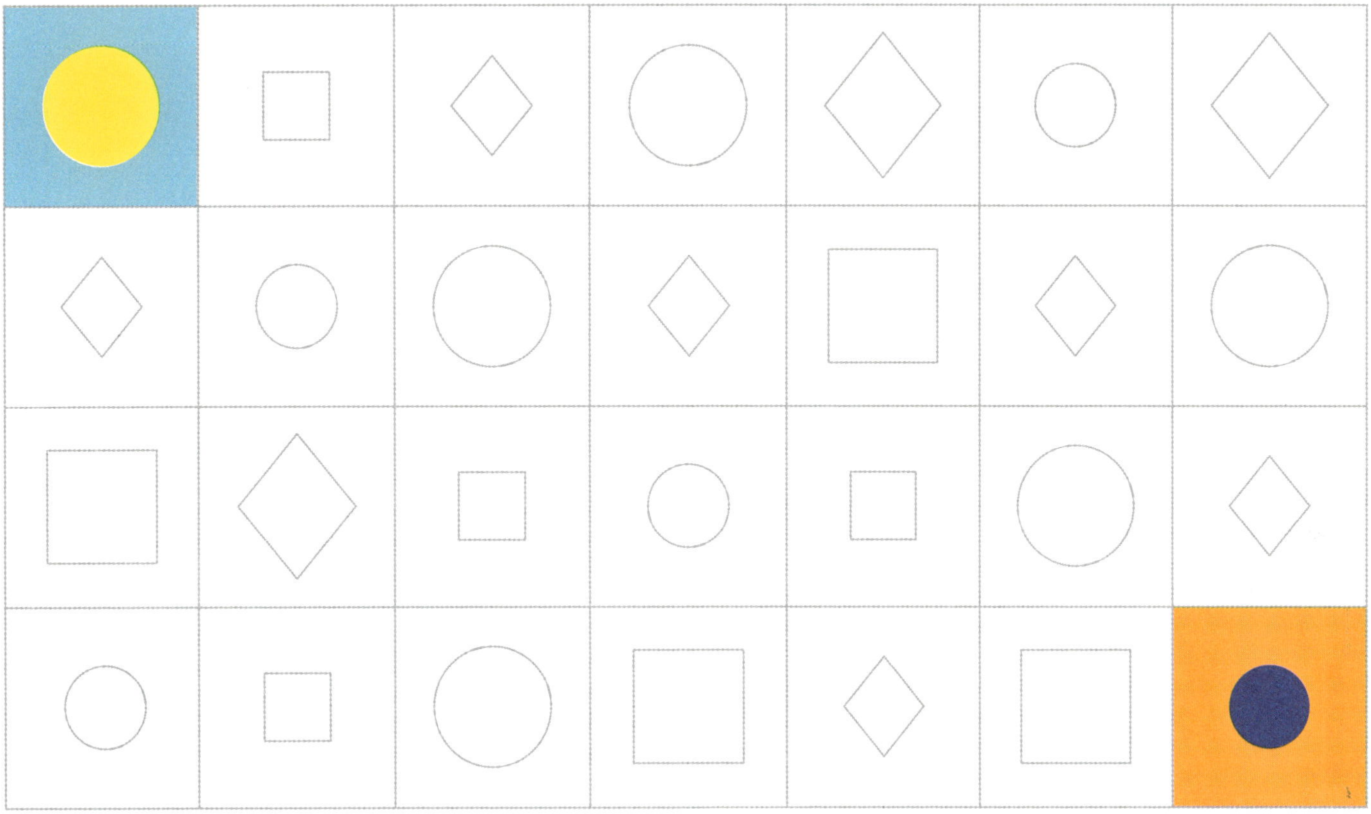

Sinnestäuschung

Farben können dich auch täuschen. Hier kannst du es selbst erleben. Fixiere den schwarzen Punkt in der Mitte des farbigen Rechtecks und zähle langsam bis 30. Dann schau auf den schwarzen Punkt im weißen Rechteck und zähle wieder bis 30. Erscheint ein farbiges Rechteck?

KÖNIGLICHE PRACHT

Dieses 600 Jahre alte zweigeteilte Gemälde zeigt den englischen König Richard II., der vor Maria, Jesus und einer Engelschar kniet. Der Künstler verwendete sehr viel Blau. Damals war es eine der teuersten Farben – teurer als Gold. Daraus kann man schließen, dass es für eine sehr wohlhabende Person angefertigt wurde.

Spirituelle Farben

Für manche Menschen hatten Farben damals eine spirituelle Bedeutung.

Findest du diese Personen im Bild?

einen grünen Umhang
Grün symbolisiert Wachstum, neues Leben und Hoffnung.

eine goldene Decke
Gold steht für Heiligkeit und himmlisches Licht.

weiße Gewänder
Weiß stellt Reinheit dar.

Das Wilton-Diptychon (1395-9)
Künstler unbekannt

blaue Gewänder
Künstler benutzten die Farbe Blau für himmlische Figuren, weil es die Farbe des Himmels ist. Dieses Blau wurde aus einem aus Afghanistan stammenden seltenen Edelstein, dem Lapislazuli, hergestellt.

Male diese Engel bunt aus und verwende die Farbe Blau für ihre Gewänder.

LANDSCHAFTSMALEREI

Künstler bedienten sich unterschiedlicher Techniken, um die Atmosphäre eines Ortes einzufangen. Der holländische Maler Vincent van Gogh malte dieses Weizenfeld in Südfrankreich. Durch seinen ausgeprägten Pinselstrich sieht der Weizen aus, als wiege er sich im Wind. Auch die Wolken am Himmel scheinen sich zu bewegen.

Das Gemälde unten zeigt ebenfalls ein Feld und im Vordergrund Bäume, aber es drückt eine ganz andere Stimmung aus als das obige Bild. Der Künstler John Constable malte diese Szene in der Nähe seines Hauses auf dem englischen Land.

Weizenfeld mit Zypressen (1889)
von Vincent van Gogh

Künstler verschieben Horizonte

Die Linie, an der sich Himmel und Erde scheinbar berühren, wird Horizont genannt. Künstler platzieren den Horizont an unterschiedlichen Punkten im Bild und können so den Fokus des Betrachters entweder auf die Landschaft oder auf den Himmel lenken.

In Constables Bild links liegt der Horizont hoch und scheint in weiter Ferne zu sein. Im Bild von Richard Parkes Bonington liegt der Horizont in der unteren Hälfte des Bildes. Man sieht viel Himmel.

Das Getreidefeld (1826)
von John Constable

La Ferté (um 1825)
von Richard Parkes Bonington

Bilder mit Meer oder Strand nennt man auch Meereslandschaft. In diesen Bildern befindet sich der Horizont gewöhnlich da, wo sich das Meer und der Himmel berühren.

Seerosen

Monet malte den Seerosenteich in seinem Garten. Er trug die Farbe mit groben Pinselstrichen auf, sodass man den Eindruck hat, das Bild wäre eine Skizze.

Male hier deinen eigenen Seerosenteich mit groben Pinselstrichen. Du kannst hängende Zweige und Blätter im Hintergrund hinzufügen und bunte Seerosen auf den Teich malen.

Schon gewusst?

Claude Monet malte über 250 Seerosenbilder in seinem Leben.

Male dieses Land-
schaftsbild fertig und
gib ihm einen Titel.

Hier fehlen Bäume,
Blumen und Häuser –
zeichne sie ins Bild.

Kannst du dieses Bild bunt ausmalen?
Die Farben müssen nicht realistisch sein.

Konzentriere dich auf Details
und male sie in diese winzigen Rahmen,
z. B. eine Bergspitze, einen Zweig oder
ein paar Blätter eines Baumes.

DEIN EIGENES MUSEUM FÜR LANDSCHAFTSMALEREI

Denke dir eine Landschaft aus und male sie in diesen Rahmen.
Beginne mit dem Horizont. Du könntest wie van Gogh
den Himmel mit Kringeln und Wirbeln füllen.

Zeichne die Aussicht
aus deinem Fenster
in diesen Rahmen.

Auf diesem Bild fehlen noch
mehr Schiffe und Wellen.
Male sie dazu.

Zeichne eine verlassene
Insel in diesen Rahmen.

PERSPEKTIVE

Um eine flache, zweidimensionale Fläche auf einem Bild räumlich und dreidimensional wirken zu lassen, benutzen Künstler die Regeln der perspektivischen Darstellung.

In dem Gemälde *Allee von Middelharnis* folgte der Maler diesen Regeln und schaffte so eine starke atmosphärische Wirkung. Wie er das machte, wird unten erklärt.

Linien, die sich zur Horizontlinie hin neigen, werden Orthogonale genannt. Sie erzeugen den Eindruck, als ob die Allee von uns weg in die Ferne führt.

Die Orthogonalen treffen am Fluchtpunkt zusammen. Auf diesen Punkt hinstrebend werden Dinge immer kleiner.

Fluchtpunkt

Horizontlinie

Allee von Middelharnis (1689)
von Meindert Hobbema

In der Ferne

Jetzt bist du dran. Zeichne mehr Bäume in das Bild. Halte dich dabei an die Regeln der perspektivischen Darstellung. Du kannst auch winzige Häuser an die Horizontlinie und ein paar Menschen auf die Straße malen.

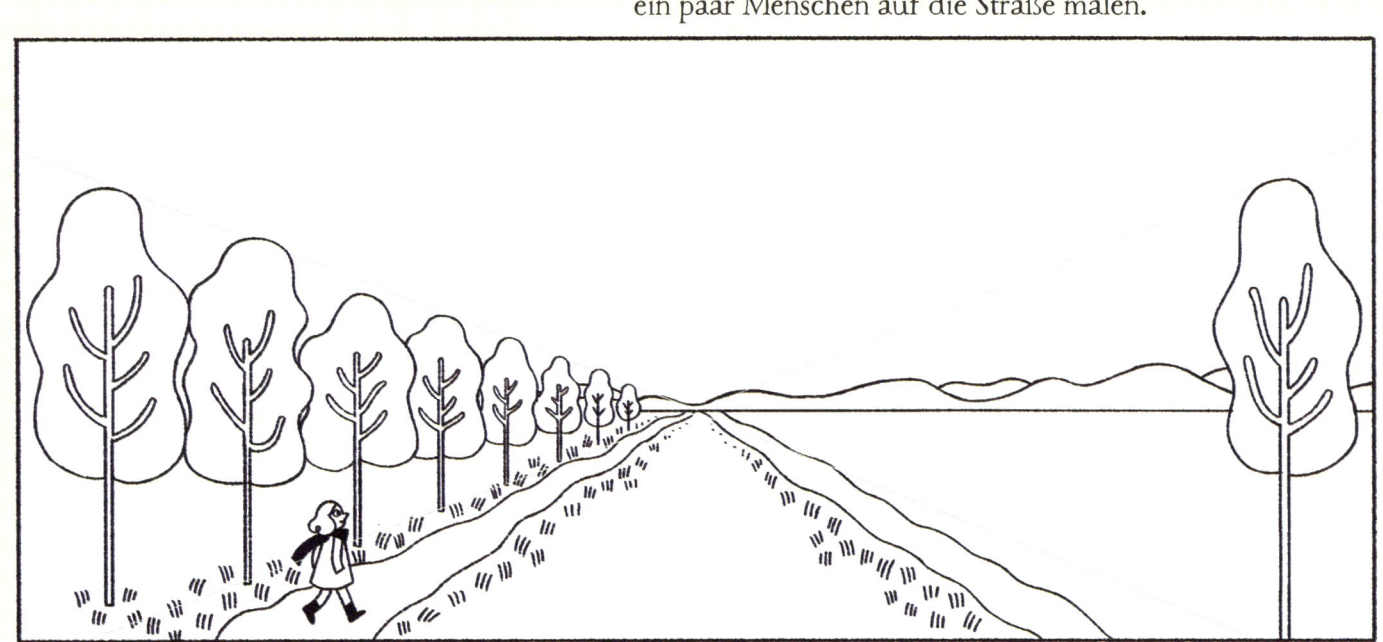

Mithilfe der perspektivischen Darstellung können Künstler Gebäude akkurat malen. In diesem Gemälde wurden die Ziegelsteine entlang der Orthogonalen gemalt. Folge ihnen bis zum roten Hut, wo sie zusammenlaufen. Da ist der Fluchtpunkt.

Aus nächster Nähe

Kannst du alle diese Details im Bild finden?

einen Wandteppich

einen hängenden Vogelkäfig

ein Miniaturmodell einer Stadt

eine Frau in Blau

ein Kind mit einer weißen Haube

einen Apfel und einen Flaschenkürbis

ein Taubenhaus

Verkehrte Welt

In diesem Bild sieht alles seltsam aus. Kannst du sechs Fehler finden, die zeigen, dass der Künstler die Regeln der Perspektive nicht kennt?

GÖTTER UND MYTHISCHE WESEN

Diese Szene stammt aus einer altgriechischen Sage über den Gott Bacchus. Eines Tages war er in seinem Wagen unterwegs. Er erblickte eine Prinzessin, die einem davonsegelnden Schiff hinterhersah. Es war Ariadne, die ein herzloser Prinz verlassen hatte. Bacchus verliebte sich sofort in sie. Sie heirateten und Bacchus schleuderte ihre Krone hoch in den Himmel, wo sie zum Sternbild Nördliche Krone wurde.

Bacchus und Ariadne (1520-23)
von Tizian

Tizians Gemälde vereint verschiedene Teile der Geschichte. Findest du diese Dinge?

einen von Geparden gezogenen Wagen

ein Sternbild

Bacchus, der aus seinem Wagen springt und einen Kranz aus Weinblättern trägt

Prinzessin Ariadne in einem Gewand aus rotem, weißem und blauem Stoff

ein Schiff, das in der Ferne davonsegelt

Griechische Göttinnen

Die Griechen der Antike glaubten an viele Götter und Göttinnen. Kannst du die Göttinnen rechts ihren Beschreibungen zuordnen?

Aphrodite – Göttin der Liebe und Schönheit

Athene – Göttin des Krieges und der Weisheit

Artemis – Göttin der wilden Tiere und der Jagd

Mythische Wesen

In vielen griechischen Mythen kommen merkwürdige Wesen vor. Wie du hier siehst, sind einige halb Mensch und halb Tier. Kannst du sie zu Ende zeichnen?

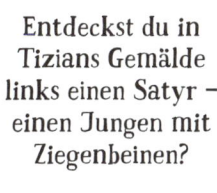

Entdeckst du in Tizians Gemälde links einen Satyr – einen Jungen mit Ziegenbeinen?

Ich bin Pegasus, ein fliegendes Pferd. Ich brauche aber noch Flügel!

Ich bin Medusa, halb Frau, halb Schlange. Bitte zeichne mir viele Schlangenhaare!

Ich bin ein Zentaur, halb Mann, halb Pferd. Mir fehlen meine Mähne und mein Schwert. Kannst du mich auch ausmalen?

Ich bin eine Harpyie, halb Frau, halb Vogel. Ich brauche scharfe Krallen!

Ich bin eine Sirene. Normalerweise sehe ich wie eine Meerjungfrau aus, aber mein Fischschwanz fehlt!

Schon gewusst?

Tizian malte das Bild *Bacchus und Ariadne* für den italienischen Fürsten von Ferrara. Wahrscheinlich dienten Geparden aus dem Privatzoo des Fürsten als Vorbild für die Raubkatzen im Bild.

Erfinde dein mythisches Wesen

Auf den Seiten 74–75 kannst du in die leeren Bilderrahmen deine eigenen mythischen Wesen mit Flügeln, Hörnern oder anderen Besonderheiten zeichnen.

RITTER UND DRACHEN

Dieses 600 Jahre alte Gemälde zeigt eine Szene aus der Legende über den heiligen Georg. Er soll gesandt worden sein, um eine Prinzessin aus den Klauen eines bösen Drachens zu befreien. Georg kämpfte mit dem Drachen und verwundete ihn mit seiner Lanze. Die Prinzessin legte ihren Gürtel um den Hals des verwundeten Drachens, um ihn gefangen zu nehmen.

Der heilige Georg im Kampf mit dem Drachen (um 1470) von Paolo Uccello

Schon gewusst?

Man nimmt an, dass der heilige Georg ein römischer Soldat war, der vor über 1700 Jahren lebte.

Falsche Reihenfolge

Diese Bilder zeigen Szenen aus der Geschichte. Nummeriere sie in der richtigen Reihenfolge.

Rettung in Sicht

Kannst du dem heiligen Georg helfen, sicher durch das Labyrinth zu kommen, um die Prinzessin vor dem Drachen zu retten?

Meide steile Berge, dunkle Wälder und hungrige Riesen.

Auf in die Schlacht

Der Kampf zwischen dem heiligen Georg und dem Drachen hat begonnen. Was sagen sie zueinander? Schreibe die Worte in die Sprechblasen und male weitere Gegenstände in die Szene.

Der Drache könnte z. B. Feuer spucken.

Zum Schutz kannst du dem heiligen Georg einen Schild geben.

Er braucht auf jeden Fall ein Schwert, oder?

Lass Rauchschwaden aus den Nasenlöchern des Drachen entweichen.

BEIM PFERDERENNEN

George Stubbs ist einer der bedeutendsten Maler von Pferden. Sein berühmtestes Gemälde ist das unten abgebildete Bild des Rennpferdes Whistlejacket. Es zeigt das Pferd in einer imposanten Pose – ohne ablenkende Details im Hintergrund.

Whistlejacket (um 1762)
von George Stubbs

Stubbs malte Whistlejacket fast lebensgroß. Der Junge vor dem Bild zeigt das Größenverhältnis.

Das berühmte Rennpferd

Whistlejacket war ein preisgekröntes Rennpferd, das vor 250 Jahren lebte. Benannt hatte man es nach einem Erkältungsmittel, das damals sehr beliebt war.

Was fehlt?

Bei den Reitern und Pferden fehlen Dinge. Ergänze sie, sodass die Abbildungen gleich aussehen.

Das Rennen beginnt

WHISTLEJACKET

GIMCRACK

MOLLY LONGLEGS

Gleich geht es los! Whistlejacket rennt 1 Kästchen, während zur gleichen Zeit Gimcrack 2 und Molly Longlegs 3 Kästchen zurücklegen. Wer wird das Rennen gewinnen?

....
gewinnt das Rennen!

Schon gewusst?

Stubbs interessierte sich sehr für Anatomie – die Lehre von Form und Körperbau der Lebewesen. Er zeichnete Skelette von Pferden, um mehr über ihre Körper zu lernen.

Der Körper eines Pferdes

Wie viele Körperteile eines Pferdes kannst du in der Schleife finden? Umkreise sie.

29

AUF DEM EIS

Diese Winterszene des holländischen Malers Hendrick Avercamp entstand während der „kleinen Eiszeit" – einer Zeit, als Winter viel kälter waren als heute und die Flüsse oft zufroren. Auf dem Eis fahren die unterschiedlichsten Menschen Schlittschuh. Es gibt viele kleine wunderbare Details – von spielenden Kindern bis zu Schlittschuhläufern, die hinfallen.

Die Burg in Avercamps Gemälde existierte nicht. Er hat sie sich ausgedacht.

Rundbild mit Burg (um 1608 – 9)

von Hendrick Avercamp

Viel zu sehen

Kannst du diese Ausschnitte im Bild finden?

ein Kind mit weißer Mütze

Paare, die Händchen haltend Schlittschuh laufen

ein Pferd mit Schlitten

ein Mann, der Schlittschuhe anzieht

Leute, die ausrutschen

Frostjahrmarkt

Wenn Flüsse zufroren, wurden Frostjahrmärkte auf dem Eis veranstaltet. Es gab Spiele, Schlittenfahrten, Marionetten-vorführungen und Stände mit Essen.

Ziehe uns Mützen, Schals und Schlittschuhe an.

Wörter finden

Wie viele Wörter kannst du aus den Buchstaben des folgenden Wortes bilden?
WINTERZEIT

Verziere meinen Schlitten und setze einen Fahrgast hinein.

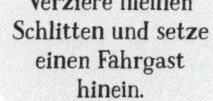

Leckereien

Was gibt es hier zu naschen? Fülle die Lücken aus, um es herauszufinden.

Schneemänner

Finde sechs Unterschiede zwischen den beiden Schneemännern.

Im Angebot
L_BK_CH_N
BR_T_PF_L
ST_LL_N
R_S_N_N
N_SS_

Hinweis: Es fehlen nur Vokale (A, E, I, O, U) und Ä, Ö, Ü:

FASZINATION MODE

Früher brachten Menschen ihren Reichtum und ihre Eleganz dadurch zum Ausdruck, indem sie für ihr Porträt in ihren kostbarsten Kleidern Modell saßen. Der Künstler Ingres brauchte zwölf Jahre und malte viele Porträts von Madame Moitessier, der Frau eines reichen Bankiers, bis er am Ende mit diesem Porträt zufrieden war. Immer spiegelte ihre Kleidung die aktuelle Mode wider.

Madame Moitessier (1856)
von Jean-Auguste-Dominique Ingres

Madame Moitessier trägt viele luxuriöse Accessoires. Kannst du folgende im Bild finden:

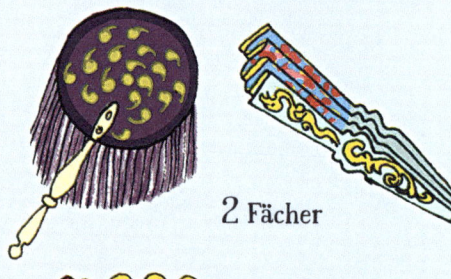

2 Fächer

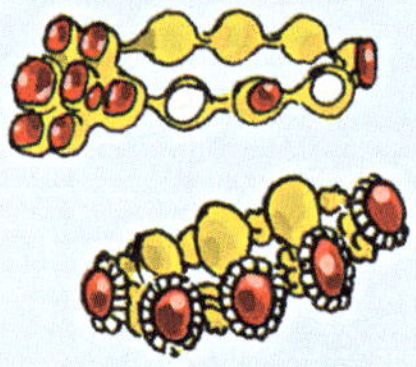

2 goldene Armbänder mit roten Edelsteinen

1 Ring

1 Brosche

1 goldene Halskette

Zeitlose Mode

Diese Frauen tragen elegante Kleider aus anderen Epochen und Kulturen. Kannst du die Frauen ihren Epochen zuordnen? Schreibe den richtigen Buchstaben in den Kreis.

A. Frau aus Altägypten

B. Frau aus dem Biedermeier

C. Frau aus dem Mittelalter

Bist du ein Modedesigner?

Wie würdest du Madame Moitessier einkleiden?
Gestalte ihre Kleider und male sie bunt aus.

Vergiss nicht den Schmuck und Schleifen im Haar.

Ihre Kleider
könnten
mit Blumen
gemustert ...

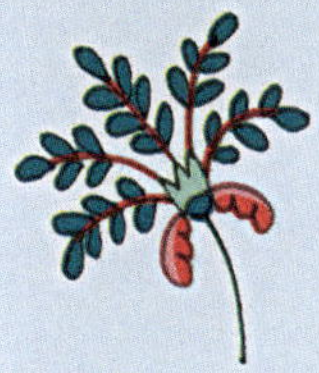

... oder mit Schleifen und
Rüschen verziert sein.

Spieglein, Spieglein an der Wand ...

Hast du bemerkt, dass Madame Moitessier und
ihr Spiegelbild nicht wirklich übereinstimmen?
Ingres malte das Spiegelbild so, dass auch die
andere Gesichtshälfte zu sehen ist.

Kannst du
diese Dame
dem richtigen
Spiegelbild
zuordnen?

A   B   C

Fehl am Platz

Dieses Bild ist eine Kopie eines Porträts
von Madame Moitessier aus dem Jahr 1851,
aber mit fünf Dingen, die es damals noch
nicht gab. Kannst du sie finden?

AUF DEM FLUSS

Der französische Künstler Pierre-Auguste Renoir kombinierte in seinem Bild kräftige Farben, sodass das Boot dem Betrachter sofort ins Auge fällt: Es wird durch das Blau des Wassers in Szene gesetzt. Wenn bestimmte Farben nebeneinander verwendet werden, erscheinen sie leuchtender und kräftiger. Man nennt sie Komplementärfarben.

Seine bei Asnières
(Das Boot) (1875)
von Pierre-Auguste Renoir

Mit komplementären Farben malen

Es gibt drei wichtige komplementäre Farbpaare:

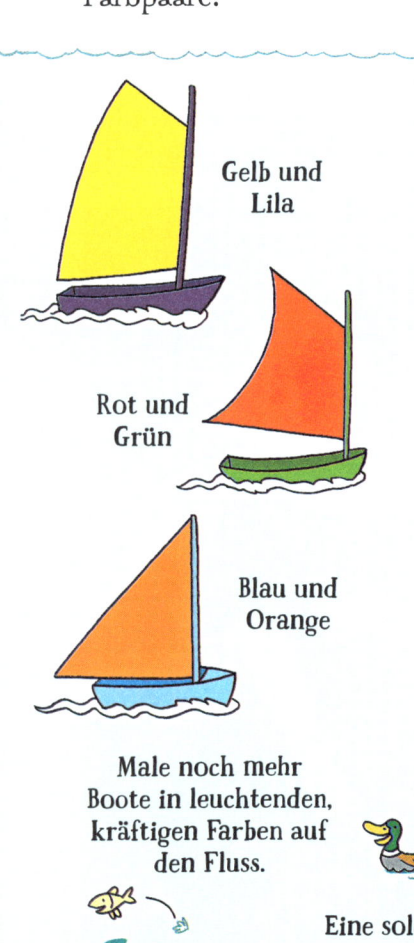

Gelb und
Lila

Rot und
Grün

Blau und
Orange

Male noch mehr
Boote in leuchtenden,
kräftigen Farben auf
den Fluss.

Eine solche Segeljolle
wird auch Skiff
genannt.

Male das Segel mit
Komplementärfarben aus.

Unfertige Boote

Kannst du diese Boote fertig malen?

Welches Segel wäre wohl das auffälligste?

Welches Ruder fällt wohl am ehesten ins Auge?

Segelwortsuche

Suche die Wörter, die sich im Segel versteckt haben.

SKIFF   SEE   RUDER
BOOT   MEER   SEGEL

Die Wörter können waagrecht, senkrecht, diagonal oder sogar rückwärts vorkommen.

C	B	S	J	T
D	S	O	X	D
G	K	Q	O	A
B	I	W	V	T
R	F	K	S	R
E	F	T	D	T
D	L	W	J	R
U	E	S	E	G
R	H	E	L	E
R	M	M	I	E
L	E	G	E	S

Schiffe und ihre Schatten

Verbinde die Schiffe mit ihren Schattenbildern.

Verschönere die Segel mit bunten Mustern.

Schon gewusst?

Renoir malte oft am Ufer der Seine in Paris. Einmal meinten Leute, dass er ihnen nachspioniere, und er wäre beinahe in den Fluss geworfen worden.

DEINE EIGENE STICKERGALERIE

Hier kannst du deine eigene Kunstausstellung veranstalten.
Verwende dazu die Sticker von den Stickerseiten.

Einige Meisterwerke
in dieser Galerie
sind Hunderte von
Jahren alt.

Ob ich wohl eines
Tages berühmt
werde?

IM SOMMER

Der französische Künstler Georges Seurat malte diese berühmte Szene, in der sich Arbeiter am Ufer der Seine, ein Fluss in Paris, ausruhen. Er setzte viele kleine Farbpunkte, um die Luft und das Wasser in verschwommenem Licht erscheinen zu lassen. So stellte er die flirrende Hitze im sommerlichen Paris dar.

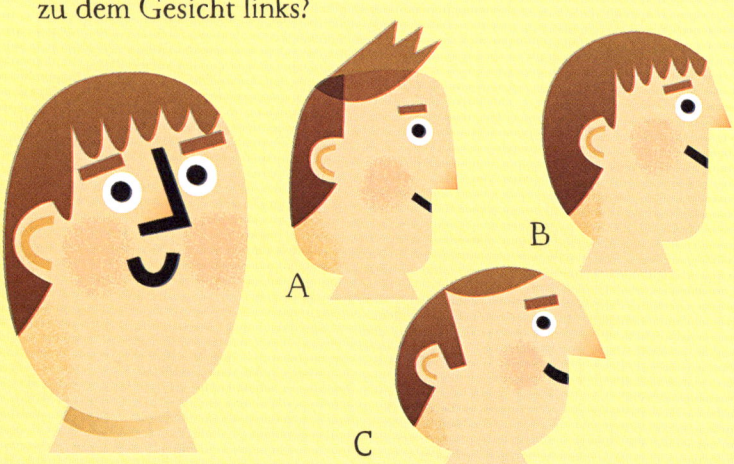

Im Profil

Die meisten Leute auf dem Gemälde werden im Profil gezeigt, das bedeutet, dass man nur eine Seite ihres Gesichtes sieht. Welches dieser Profile passt zu dem Gesicht links?

A

B

C

Badende bei Asnières (1884)
von Georges Seurat

Schon gewusst?

Dieses Bild ist riesig: 3 x 2 Meter. Als es erstmals ausgestellt wurde, waren die Menschen schockiert, denn solche großen Gemälde zeigten bis dahin nur historische Ereignisse und keine Alltagsszenen.

Am Flussufer

Dieser Mann zieht sich wieder an, nachdem er im Fluss gebadet hat. Welcher Kleiderhaufen gehört ihm?

A

B

C

Findest du das?

Schau dir das Gemälde noch einmal genau an.

Wie viele Boote fahren auf dem Fluss?

Wo ist der kleine braune Hund?

Kannst du Rauchschwaden sehen, die aus einem Fabrikschornstein kommen?

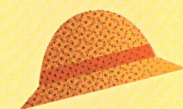

Wie viele orangefarbene Hüte gibt es im Bild?

Im Wasser

Seurat verwendete verschiedenfarbige Punkte, um einige Farben leuchtender erscheinen zu lassen. Wenn du genau hinsiehst, kannst du winzige blaue Punkte auf dem orangefarbenen Hut des Jungen im Wasser sehen. Versuch es selbst – fange mit den Sonnenhüten an.

TRAUMWELTEN

Vor ungefähr 100 Jahren begannen einige Künstler, nicht mehr wirklichkeitsgetreu zu malen, sondern gaben das, was sie in ihrer Vorstellung sahen, in symbolhafter Weise wieder. Diese Kunstströmung nennt man Symbolismus.

Ophelia unter den Blumen (um 1905–8)
von Odilon Redon

Der französische Symbolist Odilon Redon füllte sein Gemälde mit verschwommenen Formen, um eine träumerische, mystische Stimmung zu erschaffen. Das Bild zeigt Ophelia, eine literarische Gestalt aus Shakespeares Theaterstück *Hamlet*, die Blumen streut.

Theatralische Blumenwelt

In dem Theaterstück *Hamlet* pflückt Ophelia Blumen und Kräuter, die alle etwas Bestimmtes bedeuten. Bringe die Namen in die richtige Reihenfolge und finde heraus, welche Blumen und Kräuter zu den Bedeutungen gehören.

MSNÜTETI ETCFRHE
Besonnenheit

BGNLÄE ÜNHMCSE
Unschuld

SRIAROMN
Gedenken

CNVHEEIL
Treue

LNEFHEC
Schöntuerei

40

Inspiration durch Wolken

Redon sagte, dass er von Wolken beeinflusst wurde, weil er „seltsame Wesen und fantastische und wunderbare Visionen" in ihren Formen sah. Was kannst du in diesen Wolken sehen? Lass deiner Fantasie freien Lauf.

Magische Monster

Manchmal erfand Redon seltsame Monster: einäugige Zyklopen, Dämonen und Spinnen mit Menschengesichtern. Erfinde deine eigenen Monster. Du kannst zum Beispiel Augen, Hörner oder Flügel einzeichnen.

IM DSCHUNGEL

Dieses Gemälde von Henri Rousseau zeigt einen Dschungel, wie ihn sich der Künstler vorstellte. Denn Rousseau war nie in einem Dschungel gewesen. Er hat seine Heimat Frankreich niemals verlassen. Den Tiger hat er vielleicht im Zoo oder auf einem Bild gesehen.

Überrascht – Sturm im Dschungel (1890) von Henri Rousseau

Siehst du die Pflanzen?

Viele der Pflanzen in Rousseaus Dschungel sind Zimmerpflanzen nachempfunden. Kannst du die folgenden vier im Bild finden?

Durcheinander im Dschungel

Jedes Wort wurde aus den Namen von zwei Tieren zusammengewürfelt. Welche zwei Tiere sind es?

KROKÖWE

ORANGRAFFE

PAPAPARD

ELEFHORN

PYTHORILLA

Rousseaus Tiger hat seine Streifen verloren. Male ihm ein neues Muster.
Dann stelle den Dschungel nach deiner Vorstellung fertig – mit Blättern, Lianen,
Blumen oder Bäumen, hinter denen sich der Tiger verstecken kann.

DEKORATIVE KUNST

Alltägliche Gebrauchsgegenstände, die verziert und schön gestaltet sind, werden als dekorative Kunst bezeichnet. Sie können unterschiedliche Formen und Stile haben. Oft sind sie durch auffällige Muster gekennzeichnet.

Motive

Einige Künstler dieser Kunstsparte entwarfen mit Mustern verzierte Gegenstände. Diese Muster bestehen aus sich wiederholenden Bildern, sogenannten Motiven. Es können Blumen, Tiere oder geometrische Formen sein. Das Muster links ist nicht fertig – vervollständige die Reihe mit den fehlenden Motiven und male die Quadrate farbig aus.

Aufwendige Accessoires

Viele dekorative Gegenstände wurden von der Natur inspiriert. Kannst du diese Accessoires den Tieren zuordnen, die die Künstler inspirierten?

Diese Accessoires weisen dekorativ geschwungene Linien auf – Stilmerkmale des Art nouveau. Diese Stilrichtung war vor über 100 Jahren in Mode.

Ausgeprägte Formen

Gegenstände, die von altägyptischer Kunst inspiriert waren und klare Linien und blockartige Elemente aufwiesen, waren in den 1930ern populär. Man nennt diesen Stil Art déco. Finde unter den Gegenständen drei im Stil des Art déco.

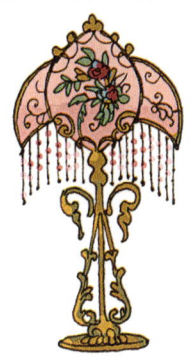

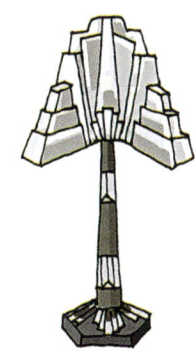

Klare Linien

Dieses Muster wurde im Stil des Art déco entworfen.
Male es in leuchtenden Farben aus.

Hier kannst du Muster im Stil des Art nouveau und Art déco zeichnen. Male sie bunt aus.

Grafische Muster

Vor fast 100 Jahren gestalteten einige Künstler mit farbigen Linien und geometrischen Formen grafische Muster. Diese Künstler zählen zu der Bauhaus-Bewegung. Kannst du den Bauhaus-Teppich mit weiteren Linien und geometrischen Formen fertigstellen?

KUBISMUS

Das Stillleben unten stellt Gegenstände auf einer Tischplatte aus verschiedenen Blickwinkeln dar. Diesen Kunststil nennt man Kubismus. Er entstand vor ungefähr 100 Jahren. Der Künstler Juan Gris schnitt Formen aus verschiedenen Papiersorten aus und klebte sie dann zu einer Collage zusammen.

Die Flasche Banyuls (1914)
von Juan Gris

Augen auf!

Kannst du in Gris' Bild Folgendes erkennen?

eine Flasche

eine Zeitung

ein Glas

einen Tisch

und eine Pfeife

Schräge Porträts

Einige Kubisten malten Menschen aus den unterschiedlichsten Blickwinkeln und schufen schräge Porträts. Kannst du erkennen, welche zwei Blickwinkel benutzt wurden, um das Porträt links zu malen?

A

B

C

D

Kubistisches Porträt

Verwende Sticker von den Stickerseiten am Buchende, um dein eigenes kubistisches Porträt zu gestalten.

Wortdurcheinander

Auf vielen Bildern der Kubisten kann man Zeitungsausschnitte, Eintrittskarten und Etiketten mit unvollständigen Wörtern sehen. Wie viele Wörter kannst du im Bild unten erkennen?

Kubistische Stadt

In dieser kubistischen Stadt stehen die Häuser völlig ungeordnet. Kannst du dem Künstler helfen, seinen Weg von der Kunstgalerie nach Hause zu finden?

Zuhause

Kunst-
galerie

Gestalte dein eigenes kubistisches
Stillleben. Schneide diese Bilder,
Muster und Strukturen aus und
klebe sie links auf den Tisch.

TIERISCHES DURCHEINANDER

Der deutsche Maler Franz Marc schuf das Bild *Füchse* vor ungefähr 100 Jahren. Es sind zwei Füchse zu sehen, deren Körper er in geometrische Formen aufbrach und neu anordnete. Ähnlich bildete er den grünen Hintergrund ab. Er malte oft Tiere auf diese Weise, um sie als Teil der Natur zu veranschaulichen.

| Die Füchse (1913) |
| von Franz Marc |

Fuchsversammlung

Durch Franz Marcs abstrakten Malstil ist es manchmal schwer auszumachen, wie viele Tiere sich in seinen Bildern befinden. Kannst du herausfinden, wie viele Füchse sich hier versammelt haben?

Ausdrucksstarke Farben

Farben hatten für Marc eine bestimmte Bedeutung. Male diesen Hund mit den Farben aus, die unten erklärt werden.

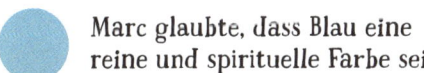

● Marc glaubte, dass Blau eine reine und spirituelle Farbe sei.

● Gelb verkörperte für ihn Heiterkeit und Sanftheit.

● Rot war für ihn schwer und brutal, die Farbe der Materie.

BUNTE BAUSTEINE

Die bunten Farbblöcke in diesem Bild stellen eine Burg unter einer rot-gelben Sonne dar. Der Künstler Paul Klee verwendete oft einfache Formen und viele Farben wie hier, um die Stimmung eines Ortes anzudeuten, anstatt das Objekt naturgetreu darzustellen.

Farbblocksuche

Kannst du diese Farbblöcke in Klees Bild finden?

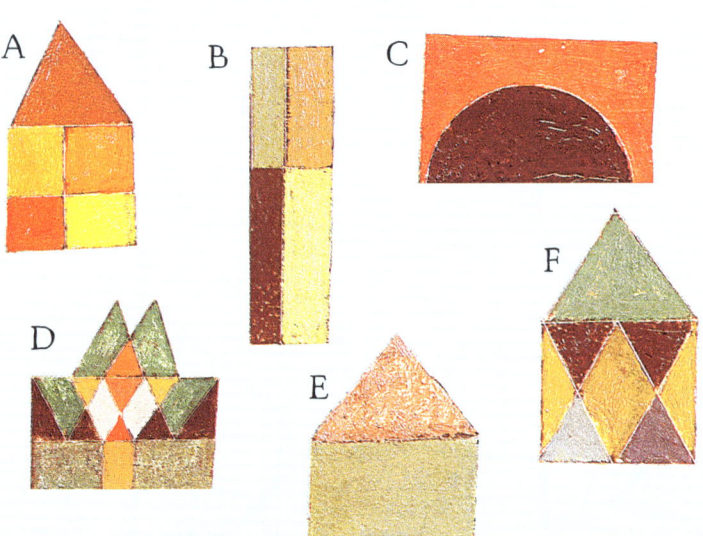

A B C D E F

> **Burg und Sonne (1928)**
> von Paul Klee

Schon gewusst?

Paul Klee konnte sowohl mit seiner linken wie auch mit seiner rechten Hand malen. Manchmal benutzte er beide gleichzeitig.

Baue deine eigene Stadt

Klebe die bunten Sticker von den Stickerseiten am Ende des Buches in das Gitter, um deine eigene Stadt zu entwerfen.

Du könntest zum Beispiel ...  ... Dreiecke als Dächer verwenden.

 ... aus kleinen Quadraten Fenster machen.

 ... einen Bogen über zwei Kästchen als Brücke gestalten.

 ... eine Sonne oder einen Mond auf dem Himmel platzieren.

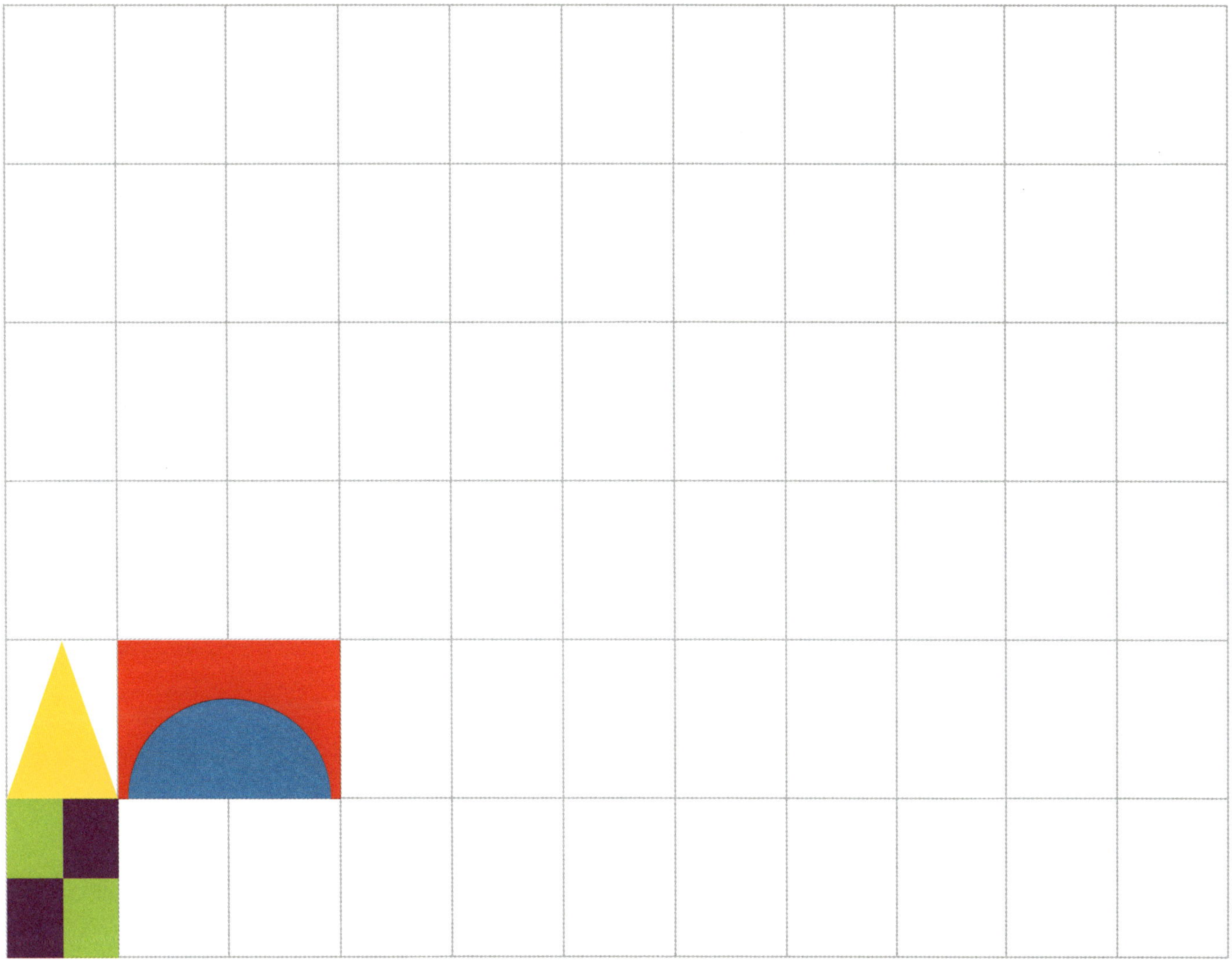

Mit Farben kannst du Formen hervorheben oder sie mit ihrem Hintergrund verschmelzen lassen.

 Ähnliche Farben wie Rot und Orange gehen ineinander über. Das sind harmonierende Farben.

 Farben, die sich voneinander abheben, wie Gelb und Blau, nennt man kontrastierende Farben.

Dein eigenes
Museum für moderne Kunst

Hier bist du der moderne Künstler! Zeichne bunte Formen,
Muster oder Szenen in die leeren Rahmen oder sei kreativ
mit den Stickern von den Stickerseiten.

SELTSAME BILDER

In den 20er Jahren des letzten Jahrhunderts begannen einige Künstler, die sich Surrealisten nannten, ungewöhnliche Kunstwerke zu gestalten. Sie malten Gegenstände, die normalerweise nicht zusammengehörten, und benutzten spielerische Methoden, um spontan Kunstwerke zu erschaffen, die von ihren Träumen und ihren Fantasien inspiriert waren.

Kleckse und Tupfer

Eine spielerische Methode der Surrealisten war das Malen von Bildern, die aus zufälligen Tintenspritzern entstanden. Hier kannst du das üben!

Vorzügliche Leiche

Die Surrealisten spielten ein Spiel, genannt „Vorzügliche Leiche" (Cadavre Exquis), bei dem die Spieler abwechselnd etwas Unerwartetes schrieben oder zeichneten, ohne dass die anderen es sahen. Spiele auch dieses Spiel mit mindestens einem Mitspieler. Die Anweisungen findest du rechts neben dem Bild.

Das Ziel des Spiels ist es, ein möglichst skurriles Bild zu malen, das aus unterschiedlichen Bildteilen besteht.

Versucht, die verrücktesten Dinge zu zeichnen. Betrachtet das Bild aber erst, wenn die Seite fertig gemalt ist.

Spielanweisung

1. Schneide aus der nebenstehenden Seite entlang der gepunkteten Linie einen Streifen aus. (Der zweite ist für das nächste Spiel.)

2. Zeichne etwas in das oberste Feld, falte das Papier an der ersten Querlinie und gib es dem nächsten Mitspieler.

3. Der nächste Mitspieler zeichnet etwas ins zweite Feld und faltet den Papierstreifen an der nächsten Linie.

4. Wiederholt den Vorgang, bis alle Felder ausgefüllt sind. Dann faltet den Papierstreifen auseinander, um euer surrealistisches Bild zu enthüllen.

Achtet darauf, dass
eure Zeichnung ein
bisschen über diese
Linie ragt, damit der
nächste Mitspieler dort
weiterzeichnen kann.

Wortbilder

Einige Surrealisten gestalteten Bilder oder Formen aus Wörtern,
die sie Kalligramme nannten. Hier kannst du es selbst versuchen.

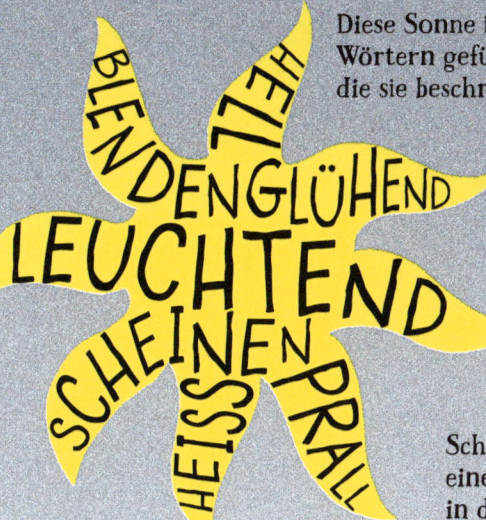

Diese Sonne ist mit
Wörtern gefüllt,
die sie beschreiben.

Fülle die
Rauchwolke
der Rakete mit
Wörtern aus,
die das Geräusch
beschreiben.

Hier sind ein
paar Beispiele:
BUMM
PAFF
ZISCH
WUSCH

Schreibe einen Satz oder
eine Zeile aus einem Gedicht
in diese Wolke, z.B. „Wolken
tanzen am Himmel ..."

Welche Wörter
fallen dir zu Mond
ein? Schreibe sie in
den Halbmond.

Schau nicht hin!

Die Surrealisten liebten es, dem Zufall Raum zu geben. Sie malten ihre
Bilder, ohne nachzudenken, sogar ohne hinzuschauen. Du kannst es selbst
ausprobieren. Platziere deinen Bleistift auf den Punkt. Schließe deine Augen
und zeichne drauflos, ohne den Bleistift von der Seite zu heben.

Ergänze ein paar Dinge zu
deinem surrealistischen
Kunstwerk, um etwas
Erkennbares entstehen zu
lassen, wie z. B. diesen Vogel.

Verrückte Kreationen

Die Surrealisten stellten auch Collagen her.
Sie schnitten verschiedene Bilder aus und ordneten sie auf
ungewöhnliche Weise an. Damit beabsichtigten sie, die Menschen
zu ermutigen, die Welt mit anderen Augen zu betrachten und
über Dinge mal anders zu denken. Der Surrealist Comte de
Lautréamont beschrieb Kunst so:

> „Sie ist so schön wie eine zufällige
> Begegnung eines Regenschirmes mit einer
> Nähmaschine auf dem Seziertisch."

Gestalte deine eigene surrealistische Collage.
Schneide dazu die Bilder auf der rechten Seite
aus und klebe sie unten ins Bild.

POP ART

In den 1960ern malten Künstler Bilder, die von Alltagsgegenständen und Bildern aus der Werbung, Comics und der Welt des Konsums inspiriert waren. Diese Kunstrichtung wurde unter dem Namen Pop Art bekannt.

Suppen-Doku

Der Pop-Art-Künstler Andy Warhol schuf eine Bilderserie, auf der Suppendosen der Marke Campbell zu sehen sind. Male die weißen Dosen so aus, dass jede Farbe einmal in jeder Reihe, Spalte und in jedem Vierer-Quadrat vorkommt.

Schon gewusst?

Andy Warhol sagte, dass er 20 Jahre lang jeden Tag eine Suppe der Marke Campbell zu Mittag gegessen habe.

Turnschuhbild à la Warhol

Warhol benutzte den Siebdruck, um ein Bild viele Male in verschiedenen Farben zu reproduzieren. Male die Turnschuhe jeweils in einer anderen Farbe aus, um dein eigenes Pop-Art-Bild zu erschaffen.

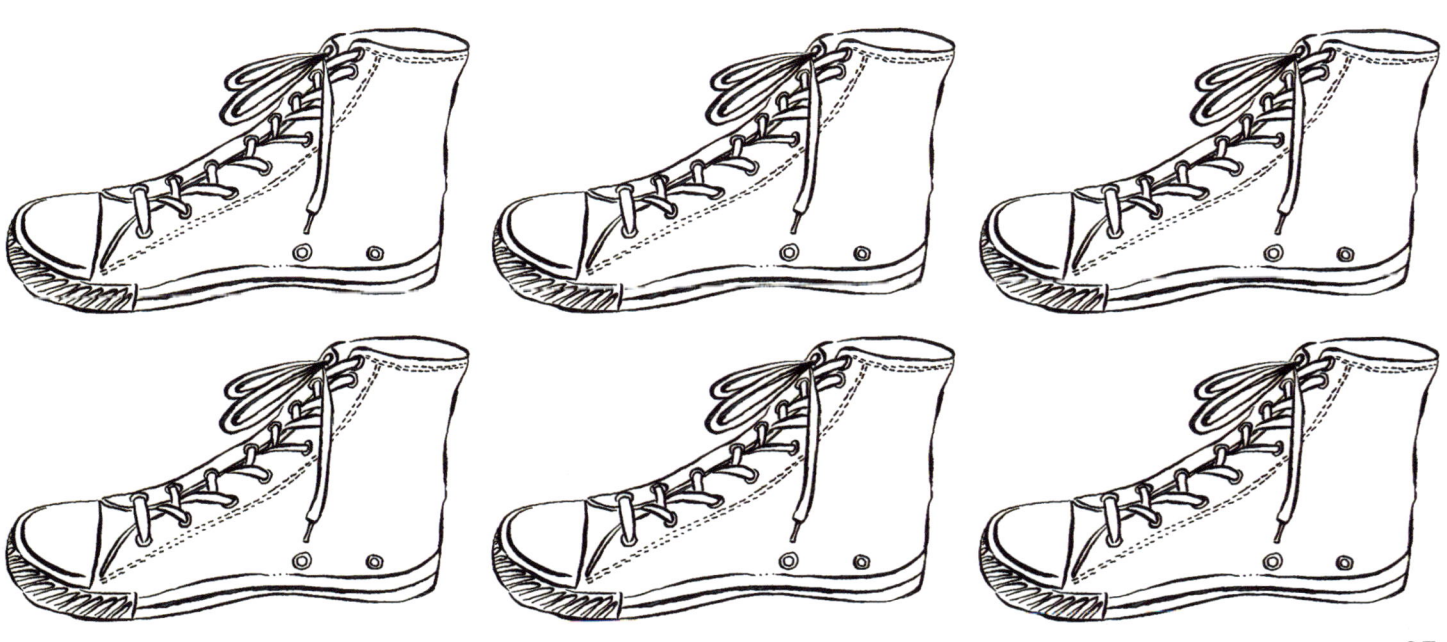

STREICHHOLZMÄNNCHEN

Auf diesem Gemälde sind unzählige Menschen dargestellt, die alle gleich und wie dünne Streichholzmännchen aussehen. Alle sind auf dem Weg zu einem Fußballspiel. Der Künstler L. S. Lowry hat sie wahrscheinlich so gemalt, um das kalte und anonyme Leben in einer Großstadt zum Ausdruck zu bringen.

Das Fußballspiel (1946)
von L. S. Lowry

Finde im Bild von Lowry vier kleine schwarze Hunde, eine rote Flagge und einen Mann, der entgegen dem Strom läuft.

Streichholzmännchen zeichnen

Ein Streichholzmännchen hat ...

... einen ovalen Kopf ...

... einen dreieckigen Körper ...

... und dicke Striche als Arme und Beine.

Du kannst deine eigenen Streichholzmännchen ins Bild auf der rechten Seite zeichnen.

Du kannst sie in verschiedenen Outfits malen ...

Dieser Hund hat einen langen Körper, einen ovalen Kopf und vier kurze Beine.

... oder wie sie Fußball spielen ...

... rennen ...

... weggehen ...

... oder sich beeilen.

Die Stadt der Streichholzmännchen

Zeichne hier deine eigenen Streichholzmännchen.
Du könntest auch noch mehr Laternenpfähle
hinzufügen und Rauch, der aus den Schornsteinen
aufsteigt. Außerdem kannst du die Häuser bunt
ausmalen.

Schon gewusst?

Darstellungen, die Gebäude
und Straßen einer Stadt
und nicht Szenen aus der
Natur zeigen, nennt man
Stadtlandschaften.

COMIC-KUNST

Comicbücher und -hefte erzählen Geschichten in Bildern mit Sprech-
und Soundblasen. Einige Pop-Art-Künstler wie Roy Liechtenstein
nahmen Bilder aus Comicbüchern und vergrößerten sie. So entstanden
riesige, dramatische Kunstwerke.

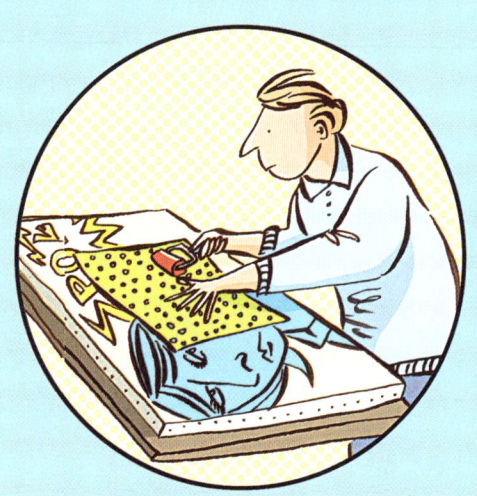

Verrückte Punkte

Für Comicbücher aus den 50er
und 60er Jahren verwendete
man viele bunte Punkte, um
verschiedenfarbige Flächen zu
erzeugen. Diese Technik heißt
Benday Dots.

Male mit Filzstiften die Punkte
in dem Frauengesicht aus.

Schon gewusst?

Liechtenstein brachte die Benday
Dots aufs Papier, indem er durch
eine Schablone mit vielen
Löchern malte.

So kannst du verschiedene
Effekte erzeugen:

Rote Punkte, die weit
auseinanderliegen, erzeugen
einen pinkfarbenen Eindruck.

Blaue und rote Punkte
zusammen erzeugen einen
lilafarbenen Eindruck.

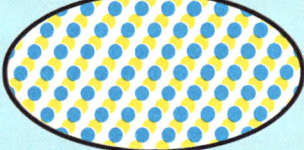

Blaue und gelbe Punkte
zusammen erzeugen einen
grünen Eindruck.

Schwarze Punkte, die weit
auseinanderliegen, erzeugen
einen grauen Eindruck.

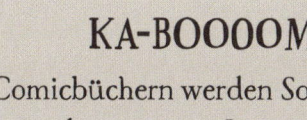

KA-BOOOOM!

In Comicbüchern werden Soundeffekte verwendet, um eine Situation dramatischer erscheinen zu lassen. Welcher dieser Soundeffekte passt zu welchem Bild?

KRACK!

klick klick klick

Brumm Brumm ...

DRING DRING

Das Telefon. Wer könnte das nur sein?

Schnell! Gib das Geheimwort ein.

Er lief über den zugefrorenen See, aber das Eis war zu dünn ...

Spione bei der Arbeit

Was sagen die Spione in den zwei Szenen aus einem Comicbuch? Fülle die Sprechblasen aus und male einen Gegenstand in den Koffer.

Vergrößerung

Künstler benutzen manch-
mal Gitter, um Bilder zu
vergrößern. Übertrage diesen
Roboter Quadrat für Quadrat
in das große Gitter unten.

Es ist einfacher, Schritt für Schritt
in Quadraten zu übertragen, als
ein Bild ohne diese Methode zu
vergrößern.

Unfertige Comicbilder

Den Comicbildern auf der
nächsten Seite fehlt etwas.
Vielleicht ein Außerirdischer
in einem Raumschiff, eine
futuristische Stadt oder ein
Superheld? Verwende leuch-
tende Farben oder nutze die
Benday-Dots-Technik. Auf
der Stickerseite findest du eine
Soundblase, die du einkleben
und ausmalen kannst.

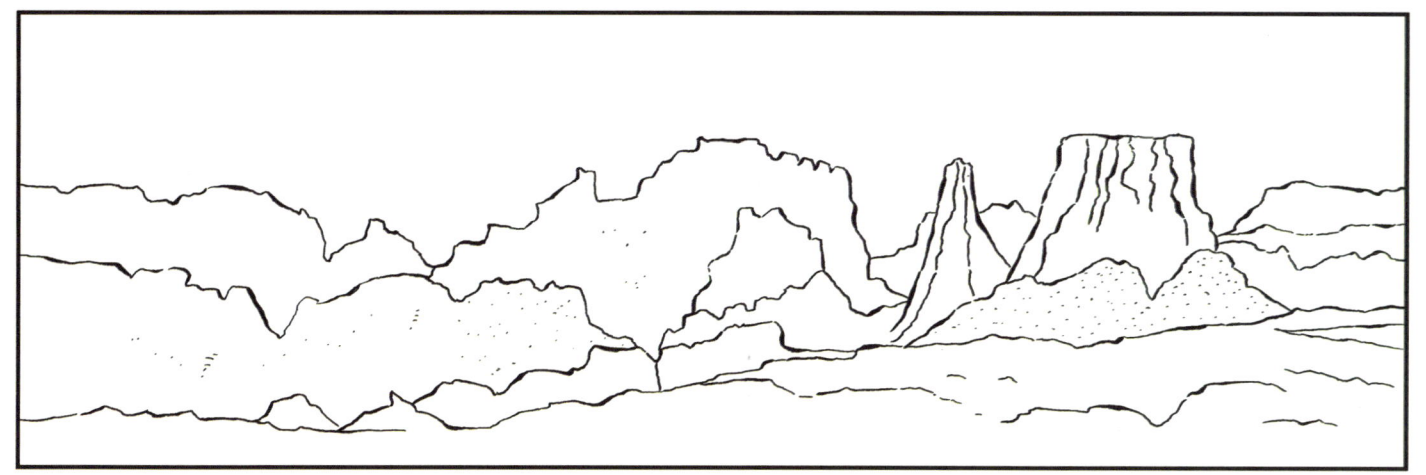

PUNKTE ÜBER PUNKTE

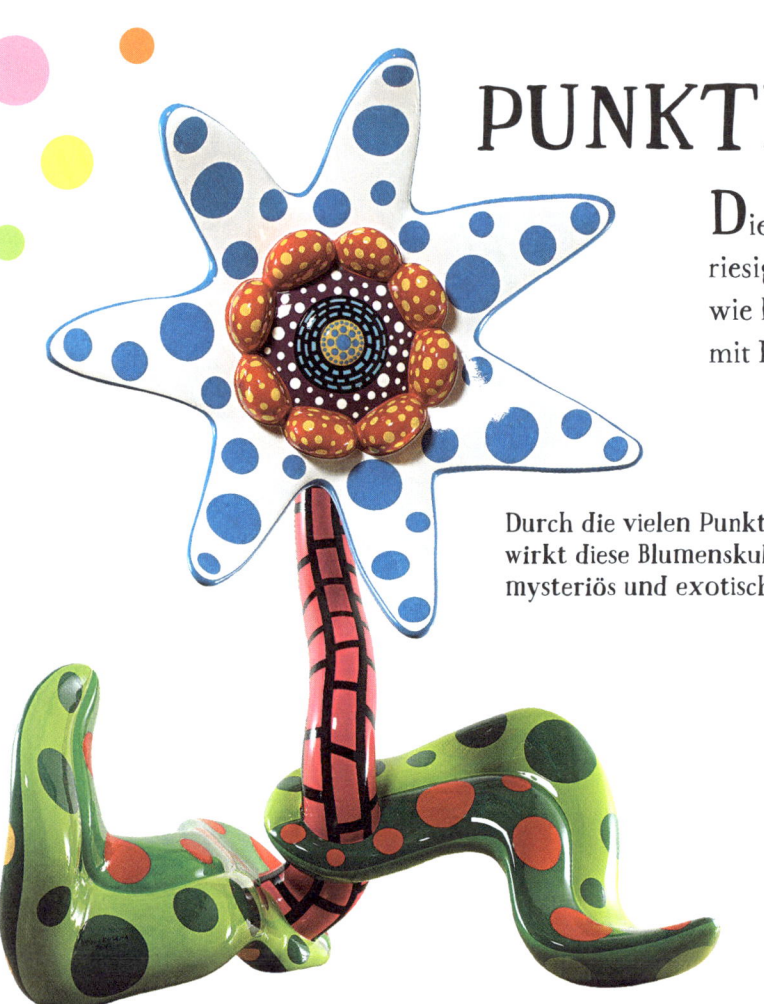

Die japanische Künstlerin Yayoi Kusama ist für ihre riesigen Skulpturen bekannt, die alltägliche Dinge wie Kürbisse oder Blumen darstellen und komplett mit Punkten übersät sind.

Durch die vielen Punkte wirkt diese Blumenskulptur mysteriös und exotisch.

Einfache Muster

Male diese Skulptur mit deinen eigenen Punkten (oder Quadraten, Sternen oder anderen Formen) aus.

Blumen, die morgen blühen (2010)
von Yayoi Kusama

Sudoku à la Kusama

Manche Dinge tauchen immer wieder in Kusamas Kunst auf. Einige siehst du hier. Fülle das Gitter so aus, dass jeder Gegenstand einmal in jeder Reihe, Spalte und in jedem Vierer-Quadrat vorkommt.

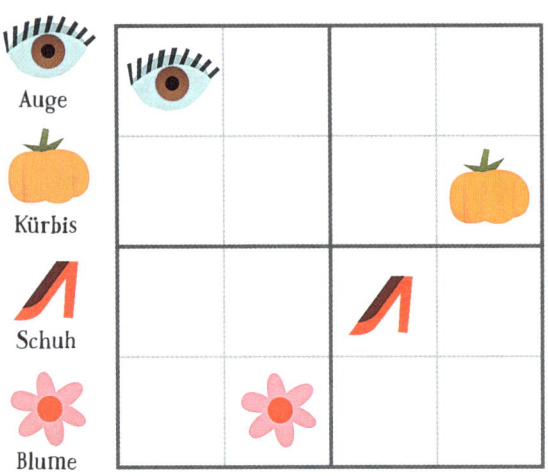

Auge

Kürbis

Schuh

Blume

Mir scheint, die Blume beobachtet mich ...

Schon gewusst?

Kusama verwandelte einen Raum mit Spiegeln und farbigen Lampen in ein Lichtermeer. So erschien der Raum unendlich groß.

Ich nenne ihn „Unendlichkeits-raum".

Punkteschar

Manchmal bedeckt Kusama ganze Räume und Möbel mit Punkten. Du kannst diesen Sessel mit den farbigen Punkten von den Stickerseiten verzieren.

Unendliches Labyrinth

Oh nein! Ein Mädchen hat sich im Unendlichkeitsraum verirrt. Kannst du ihr helfen, den Ausgang zu finden? Sie muss aber an den Lichtern in dieser Reihenfolge vorbeigehen: zuerst rot, dann gelb, dann blau, danach orange, lila und zum Schluss grün.

Sie darf nicht zurückgehen.

Ausgang

Nutze die Techniken der Künstler, die du in diesem Buch kennengelernt hast.

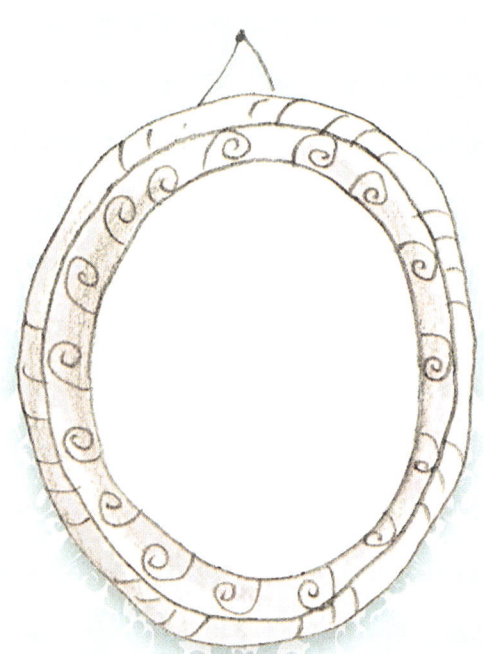

BILDERGALERIE

Fülle die leeren Bilderrahmen in der
Bildergalerie mit Porträts, Mustern oder Formen.

Antworten und Lösungen

Seite 4–5 IN DER WERKSTATT EINES MEISTERS

Mischen von Farben:

```
S I C M T Z D
N N O U V I J
A D C N D N L
P I K P P N Ö
S G E L H O K
N O R A M B T
Ü W G B L E I
R I E P X R F
G T L A B O K
```

Modell stehen:

Giovanni hat die Pose am genauesten gezeichnet.

6–7 PORTRÄTMALEREI

A = Selbstporträt
B = Ein Mann mit Kranz
C = Johann Friedrich der Großmütige
D = Johann der Beständige
E = Porträt der Elena Carafa

Eleganz pur:

ALPTTEE = Palette
ISELPN = Pinsel
HORHTUST = Strohhut
DREFE = Feder
ELUBMN = Blumen
NGORIHRE = Ohrringe

Künstlerische Freiheit:

10–11 STILLLEBEN

Eins passt nicht:

Dieses Detail kommt nicht im Bild vor.

Was bedeutet das?

1 = Rosen
2 = Totenkopf
3 = Schmetterlinge und Bienen
4 = Bücher
5 = Lilien
6 = Schwert
7 = Kerze
8 = Uhr

12–13 FARBEN

Farbenlabyrinth:

22–23 PERSPEKTIVE

Aus nächster Nähe:

◯ = einen Wandteppich
◯ = einen hängenden Vogelkäfig
◯ = ein Miniaturmodell einer Stadt
◯ = eine Frau in Blau
◯ = ein Kind mit einer weißen Haube
◯ = einen Apfel und einen Flaschenkürbis
◯ = ein Taubenhaus

Verkehrte Welt:

Die Horizontlinie neigt sich im Winkel, der nicht möglich ist.

Die viel zu große Frau im Hintergrund gibt einem kleinen Mann im Vordergrund eine Blume.

Die Wäsche hängt hinter dem Auto.

Die Neigung des Fensterbretts ist unrealistisch.

Die Autos und Bodenfliesen werden größer, je weiter sie vom Betrachter entfernt sind.

24-25 GÖTTER UND MYTHISCHE WESEN

Dinge im Bild:

- ⃝ = Wagen, der von Geparden gezogen wird
- ⃝ = Sternbild
- ⃝ = Bacchus
- ⃝ = Ariadne
- ⃝ = ein Schiff, das in der Ferne davonsegelt

Griechische Göttinnen:

Athene

Artemis

Aphrodite

26-27 RITTER UND DRACHEN

Falsche Reihenfolge:

Rettung in Sicht:

28-29 BEIM PFERDERENNEN

Das Rennen beginnt:

Molly Longlegs gewinnt das Rennen.

Der Körper eines Pferdes:

Es haben sich 8 Körperteile in der Schleife versteckt: Mähne, Huf, Schweif, Rücken, Knie, Schulter, Flanke, Nüster.

30-31 AUF DEM EIS

Viel zu sehen:

- ⃝ = ein Mann, der Schlittschuhe anzieht
- ⃝ = Leute, die ausrutschen
- ⃝ = ein Pferd mit Schlitten
- ⃝ = Paare, die Händchen haltend Schlittschuh laufen
- ⃝ = ein Kind mit weißer Mütze

Schneemänner:

Leckereien:

Lebkuchen, Bratäpfel, Stollen, Rosinen, Nüsse

32-33 FASZINATION MODE

Luxuriöse Accessoires:

- ⃝ = Fächer ⃝ = goldene Halskette
- ⃝ = Ring ⃝ = Brosche
- ⃝ = goldene Armbänder mit roten Edelsteinen

Zeitlose Mode:

1 = C, 2 = B, 3 = A

Spieglein, Spieglein an der Wand ...

B ist das korrekte Spiegelbild.

Fehl am Platz:

Die fünf Dinge, die nicht ins Bild gehören, sind: eine Lampe, Kopfhörer, ein Smartphone, eine digitale Uhr und eine moderne Zeitschrift

34–35 AUF DEM FLUSS

Unfertige Boote:

Das blaue Segel wäre das auffälligste, und das rote Ruder würde am meisten ins Auge fallen.

Segelwortsuche:

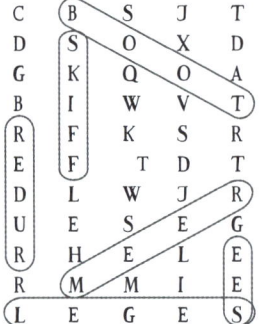

Schiffe und ihre Schatten:

38–39 IM SOMMER

Im Profil:
B ist das passende Profil.

Am Flussufer:
Kleiderhaufen B gehört dem Mann.

Findest du das?

⭕ Es gibt 5 Boote auf dem Fluss.

⭕ Hier ist der kleine braune Hund.

⭕ Es gibt einen orangefarbenen Hut.

Du kannst die Rauchschwaden, die aus einem Fabrikschornstein kommen, im Hintergrund sehen.

40–41 TRAUMWELTEN

SRIAROMN = Rosmarin, CNVHEEIL = Veilchen,
MSNÜTETIETCFRHF = Stiefmütterchen,
BGNLÄEÜNHMCSE = Gänseblümchen,
LNEFHEC = Fenchel

42–43 IM DSCHUNGEL

Siehst du die Pflanzen im Bild:

Durcheinander im Dschungel:
KROKÖWE = Krokodil + Löwe
ORANGRAFFE = Orang-Utan + Giraffe
PAPAPARD = Papagei + Leopard
ELEFHORN = Elefant + Nashorn
PYTHORILLA = Python + Gorilla

44–47 DEKORATIVE KUNST

Aufwendige Accessoires:

Ausgeprägte Formen:
Diese Gegenstände gehören zum Art déco.

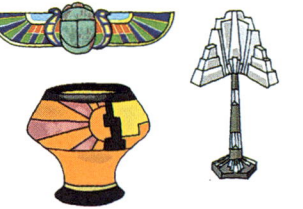

48–52 KUBISMUS

Augen auf:

○ = Flasche
○ = Glas
○ = Pfeife
○ = Tisch
○ = Zeitung

Schräges Porträt:
Blinkwinkel A und C wurden für das Porträt benutzt.

Kubistische Stadt:

Zuhause

Kunstgalerie

53 TIERISCHES DURCHEINANDER

Fuchsversammlung:
Auf dem Bild befinden sich 7 Füchse.

54–55 BUNTE BAUSTEINE

Farbblocksuche:

○ = A   ○ = B   ○ = C
○ = D   ○ = E   ○ = F

65 POP ART

Suppen-Doku:

66–67 STREICHHOLZMÄNNCHEN

○ = kleine schwarze Hunde
○ = rote Flagge
○ = Mann, der entgegen dem Strom läuft.

68–71 COMIC-KUNST

KA-BOOOOM:

KRACK! = D   Brumm Brumm = A
Klick klick klick = C   DRING DRING = B

72–73 PUNKTE ÜBER PUNKTE

Sudoku à la Kusama:

Unendliches Labyrinth:

Ausgang

Danksagung

Es wurden alle Anstrengungen unternommen, die Inhaber von Urheberrechten für die in diesem Buch veröffentlichten Bilder zu ermitteln. Falls Angaben fehlen oder unvollständig sein sollten, möchte sich der Verlag an dieser Stelle dafür entschuldigen. Der Verlag bittet um Mitteilung und wird in zukünftigen Ausgaben entsprechende Korrekturen vornehmen. Der Verlag ist den folgenden Organisationen und Personen für ihre Beiträge und Abdruckgenehmigungen von Bildern sehr dankbar:

Titelseite: Badende bei Asnières von Georges Seurat, siehe Bildnachweis für Seiten 38–39.

Seiten 6–7: Selbstporträt von Élisabeth Vigée-Lebrun © The National Gallery, London. Ein Mann mit Kranz von einem griechisch-römischen Künstler © The National Gallery, London. Porträt der Elena Carafa von Edgar Degas © The National Gallery, London. Johann Friedrich der Großmütige von Lucas Cranach dem Älteren © The National Gallery, London. Johann der Beständige von Lucas Cranach dem Älteren © The National Gallery, London. Seiten 10–11: Blumen in einer Vase von Paulus Theodorus van Brussel © The National Gallery, London. Ausschnitt aus: Ein Stillleben mit Blumen in einer Wan-Li Vase von Ambrosius Bosschaert dem Älteren © The National Gallery, London. Seiten 12–13: Sonnenblumen von Vincent van Gogh © The National Gallery, London. Beim Kämmen von Edgar Degas © The National Gallery, London. Seiten 14–15: Orange (Rœthel 180) von Wassily Kandinsky, 1923 (Lithografie in Farbe gedruckt), Private Sammlung/Foto © Christie's Images/Bridgeman Images. Seiten 16–17: Das Wilton-Diptychon von einem unbekannten Künstler © The National Gallery, London.

Seiten 18–19: Weizenfeld mit Zypressen von Vincent van Gogh © The National Gallery, London. Das Getreidefeld von John Constable © The National Gallery, London. La Ferté von Richard Parkes Bonington © The National Gallery, London. Der Seerosenteich von Claude Monet © The National Gallery, London.

Seiten 22–23: Allee von Middelharnis von Meindert Hobbema © The National Gallery, London. Maria Verkündigung mit dem Emygdius von Ascoli Piceno von Carlo Crivelli © The National Gallery, London. Seiten 24–25: Bacchus und Ariadne von Tizian © The National Gallery, London. Seiten 26–27: Der heilige Georg im Kampf mit dem Drachen von Paolo Uccello © The National Gallery, London. Seiten 28–29: Whistlejacket von George Stubbs © The National Gallery, London. Seiten 30–31: Rundbild mit Burg von Hendrick Avercamp © The National Gallery, London. Seiten 32–33: Madame Moitessier von Jean-Auguste-Dominique Ingres © The National Gallery, London. Seiten 34–35: Seine bei Asnières (Das Boot) von Pierre-August Renoir © The National Gallery, London. Seiten 38–39: Badende bei Asnières von Georges Seurat © The National Gallery, London. Seiten 40–41: Ophelia unter den Blumen von Odilon Redon © The National Gallery, London.

Seiten 42–43: Überrascht – Sturm im Dschungel von Henri Rousseau © The National Gallery, London. Seiten 48–49: Die Flasche Banyuls von Juan Gris, 1914 (Gouache & Collage), Kunstmuseum Bern, Schweiz/Peter Willi/Bridgeman Images. Seiten 52–53: Die Füchse von Franz Marc, 1913, Museum Kunstpalast Düsseldorf/Bridgeman Images. Seiten 54–55: Burg und Sonne von Paul Klee, 1928 (Nr. 201) (Öl auf Leinwand), Private Sammlung/Bridgeman Images.

Seiten 66–67: Das Fußballspiel von L. S. Lowry, Christie's Images Limited, Öl auf Holz, 28 x 49,5 cm © Christie's Images London/Scala, Florenz © Nachlass von L. S. Lowry. Alle Rechte vorbehalten, DACS 2015. Seiten 72–73: Blumen, die morgen blühen, M 2011 von Yayoi Kusama, glasfaserverstärkter Kunststoff, Metall, Urethanfarbe, 285 x 235 x 108 cm, mit freundlicher Genehmigung von KUSAMA Enterprise, Ota Fine Arts, Tokyo/Singapur und Victoria Miro, London © Yayoi Kusama. Foto: Stephen White. Seiten 76–77: Ausschnitt aus Ein Stillleben mit Blumen in einer Wan-Li Vase von Ambrosius Bosschaert dem Älteren, siehe Bildnachweis für Seiten 10–11. Das Wilton-Diptychon von einem unbekannten Künstler, siehe Bildnachweis für Seiten 16–17. Maria Verkündigung mit dem Emygdius von Ascoli Piceno von Carlo Crivelli, siehe Bildnachweis für Seiten 22 – 23. Bacchus und Ariadne von Tizian, siehe Bildnachweis für Seiten 24–25. Rundbild mit Burg von Hendrick Avercamp, siehe Bildnachweis für Seiten 30–31. Seiten 78–79: Madame Moitessier von Jean-Auguste-Dominique Ingres, siehe Bildnachweis für Seiten 32–33. Badende bei Asnières von Georges Seurat, siehe Bildnachweis für Seiten 38–39. Überrascht – Sturm im Dschungel von Henri Rousseau, siehe Bildnachweis für Seiten 42–43. Die Flasche Banyuls von Juan Gris, siehe Bildnachweis für Seiten 48–49. Burg und Sonne von Paul Klee, siehe Bildnachweis für Seiten 54–55. Sticker-Seiten: Bacchus und Ariadne von Tizian, siehe Bildnachweis für Seiten 24–25. Seine bei Asnières (Das Boot) von Pierre-August Renoir, siehe Bildnachweis für Seiten 34–35. Überrascht – Sturm im Dschungel von Henri Rousseau, siehe Bildnachweis für Seiten 42–43. Ophelia unter den Blumen von Odilon Redon, siehe Bildnachweis für Seiten 40–41. Beim Kämmen von Edgar Degas, siehe Bildnachweis für Seiten 12–13. Weizenfeld mit Zypressen von Vincent van Gogh, siehe Bildnachweis für Seiten 18–19. Selbstporträt von Élisabeth Vigée-Lebrun, siehe Bildnachweis für Seiten 6–7. Der Seerosenteich von Claude Monet, siehe Bildnachweis für Seiten 18–19. La Ferté von Richard Parkes Bonington, siehe Bildnachweis für Seiten 18–19.

Digitale Bildbearbeitung: John Russell

Übersetzung aus dem Englischen: Andrea Reinacher
Redaktion der deutschen Ausgabe: Ulrike Barzik
Satz der deutschen Ausgabe: Tanja Haaf

Baue auf Seite 55 eine Stadt mit diesen Formen.

Du kannst diese Formen für ein Bild
im Stil von Kandinsky benutzen,
entsprechend dem Bild auf Seite 14.

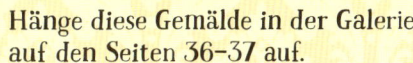

Hänge diese Gemälde in der Galerie
auf den Seiten 36–37 auf.

Benutze diese Sticker
für das kubistische
Porträt auf Seite 49.

Diesen Sound-
Effekt-Sticker
kannst du
auf Seite 71
verwenden.

Hier sind viele
Punkte für Seite 73.